AF110092

PARA:
....

DE:
....

Phil Bosmans, *Mit allen guten Wünschen* © Herder Freiburg im Breisgau, 4. Auflage 2004.

> Bosmans, Phil
> Felicidad en la vida. - 3ª ed. - Buenos Aires : Bonum, 2014.
> 48 p. : il. ; 15x15 cm. - (Deseos)
>
> ISBN 978-950-507-555-3
>
> 1. Libros Regalo. I. Título
> CDD 096

Primera edición: marzo de 2009
Tercera edición: septiembre de 2014

Traducción: Evelina Blumenkranz
Supervisión de textos: María Soledad Gomez
Diseño de interiores y cubierta: Natalia Siri

© Editorial Bonum, 2014
Av. Corrientes 6687 (C1427BPE)
Buenos Aires - Argentina
Tel./Fax: (5411) 4554-1414
ventas@editorialbonum.com.ar
www.editorialbonum.com.ar

Queda hecho el depósito que indica la Ley 11.723
Todos los derechos reservados

No se permite la reproducción parcial o total, el almacenamiento, el alquiler, la transmisión o la transformación de este libro, en cualquier forma o en cualquier medio, sea electrónico o mecánico, mediante fotocopias, digitalización u otros métodos, sin el permiso previo y escrito del editor. Su infracción está penada por las Leyes 11.723 y 25.446.

Impreso en Argentina. Es industria argentina

Este libro se terminó de imprimir en septiembre de 2014 en Gráfica Offset SRL.
Tirada: 1.500 ejemplares.

Desear a una persona "todo lo mejor" corresponde a las cosas de la vida que parecen totalmente sencillas y que, sin embargo, son muy difíciles. Con frecuencia nos faltan las palabras que hacen bien a la otra persona y que le dan el valor que necesita. Este libro quiere ser una ayuda en esta situación.

A su manera, **Phil Bosmans** *redescubrió el lenguaje perdido del corazón. En las personas simples todavía está vivo. Con ellas recorrió el camino de la vida. "Si las escuchamos —dice—, entonces crecen palabras en el camino como flores. Podemos plantarlas, podemos recogerlas. Tales palabras las llevamos con nosotros;*

tales palabras las llevamos a casa. Se transmiten de boca en boca y se instalan en el corazón".
Son palabras que, sin importar la ocasión, podemos escribirle a un ser querido en una tarjeta o en una carta; palabras que también desearíamos repetirnos una y otra vez a nosotros mismos, y que se convierten así en un regalo.

Sólo el amor aporta a la vida el color de la alegría y la energía de la esperanza, los frutos del espíritu que todo lo renueva: la tierra y el cielo y el corazón de los hombres. Por este amor vale la pena vivir. Es el origen y la meta de todos nuestros buenos deseos.

Cada día es colocada
la vida nuevamente en tus manos.
Cada día te es entregado como
una eternidad para ser feliz.

AYER: ya pasó.
MAÑANA: recién vendrá.
HOY: el único día
que tienes en tus manos.
Hoy debes vivir.
Hoy debes ser feliz.

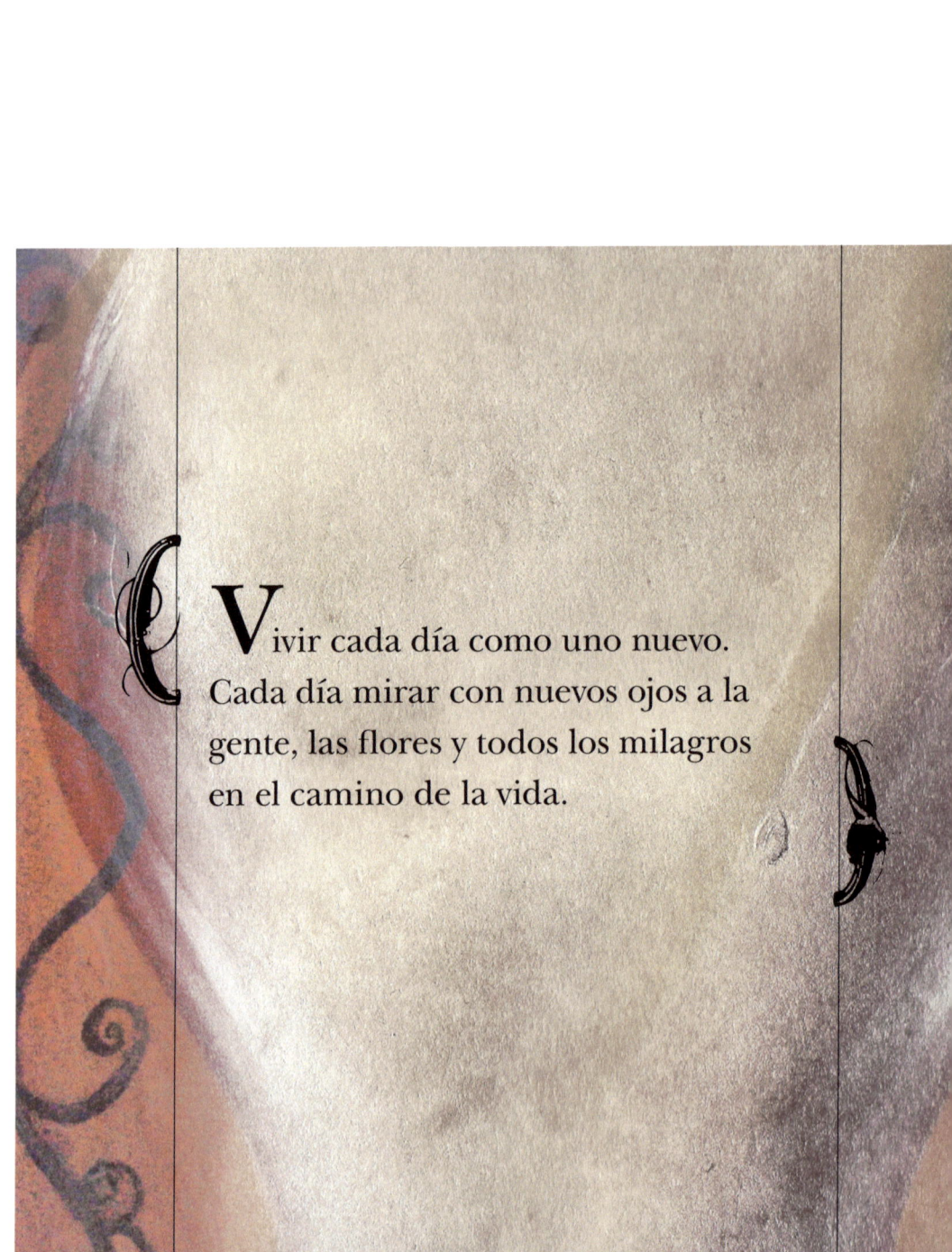

Vivir cada día como uno nuevo. Cada día mirar con nuevos ojos a la gente, las flores y todos los milagros en el camino de la vida.

Una persona feliz está agradecida por todo lo que le es dado. Dios ha dado algo a cada persona con lo cual puede hacer felices a otros.

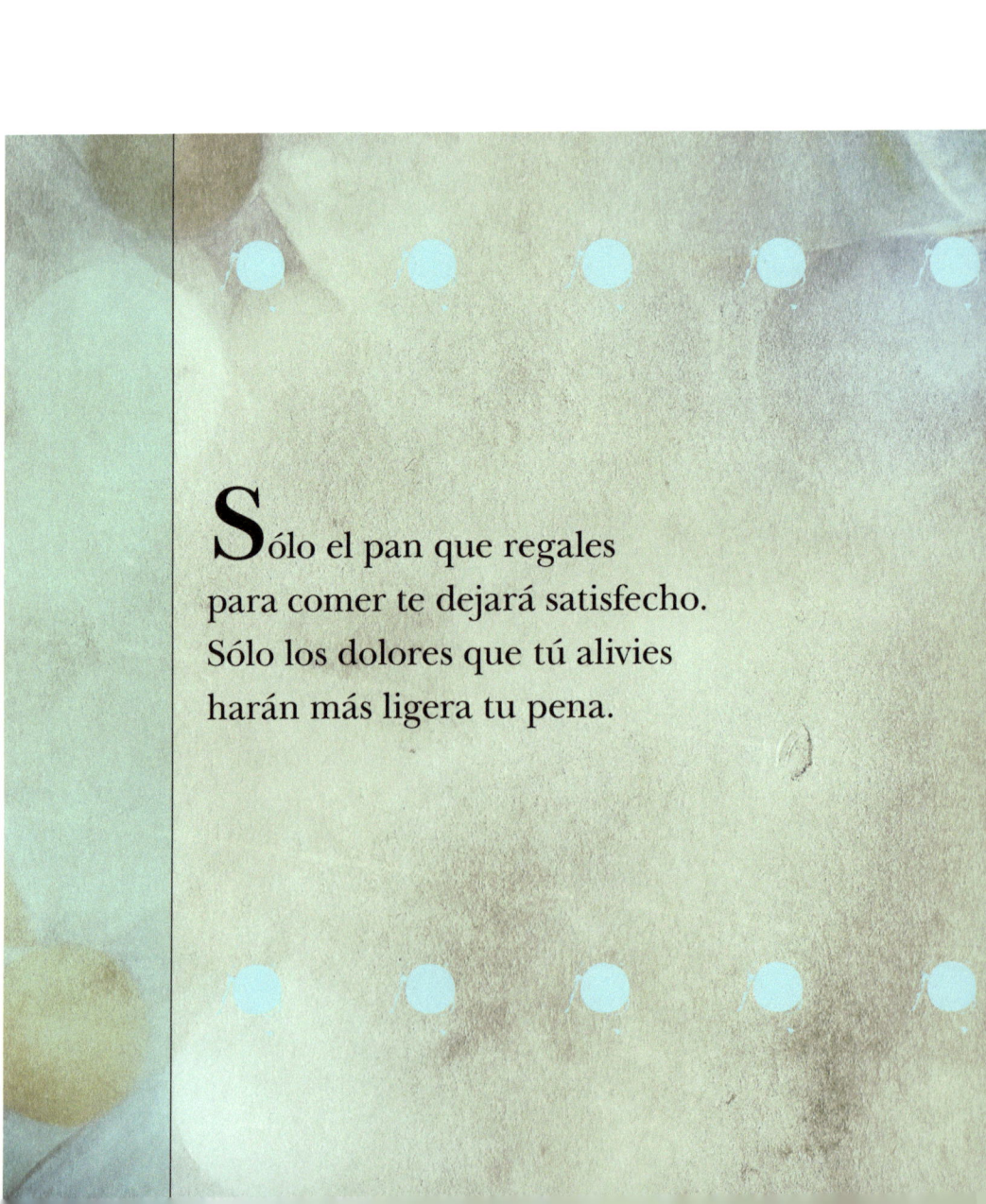

Sólo el pan que regales
para comer te dejará satisfecho.
Sólo los dolores que tú alivies
harán más ligera tu pena.

Sólo la alegría que entregues te hará feliz. Y sólo la felicidad que regales te hará a ti mismo feliz.

Tu felicidad está muy cerca. Hoy florecen flores en tu camino simplemente si las descubres.

Los buenos tiempos no caen del cielo. Las buenas personas hacen buenos tiempos. Tú eres una buena persona.

{ Una persona satisfecha
recibe más de lo que espera.
Recibe de regalo los milagros
de la vida. }

En todas las cosas se encuentran milagros. El que pueda alegrarse por ellos tendrá una llave. Con ella podrá ser, cada día, un poco feliz.

El tiempo no es una autopista entre la cuna y la tumba.

El tiempo es un lugar para estacionar bajo el sol.

Hacer feliz a la gente es el sueño de las personas felices. Quiero ser feliz para hacer felices a los demás. La felicidad que me falta es la felicidad de los otros.

Reconcíliate con la vida, reconcíliate con la felicidad. La felicidad está formada por muchos fragmentos, un fragmento siempre falta en la felicidad.

El que en los buenos días
realmente puede alegrarse
también estará mucho mejor
en los días malos.

"

"Las flores florecen también cuando nadie las observa. Los árboles tienen frutos sin preguntar quién los come."

Tu felicidad no está en
la otra orilla. No está en aquellos
que crees tienen más felicidad.
Tu felicidad está en ti.

Hombre, tú estás hecho para ser feliz. Hombre, tú estás hecho según la imagen de un Dios que quiere la felicidad de los hombres.

"No olvides los bellos días.
Ya que si los olvidas nunca regresarán."

"Una buena persona es una estrella para aquellos que no encuentran la luz."

EL MISTERIO DE LA
felicidad

permanecer amable
cuando otros están de mal humor;

expandir alegría
cuando otros se lamentan y quejan;

asistir y ayudar
cuando otros hablan y hablan;

poder perdonar
cuando las personas te hayan hecho daño.

Para ser feliz no es necesario poseer más sino codiciar menos.

Ama a las personas así como son. No existen otras.

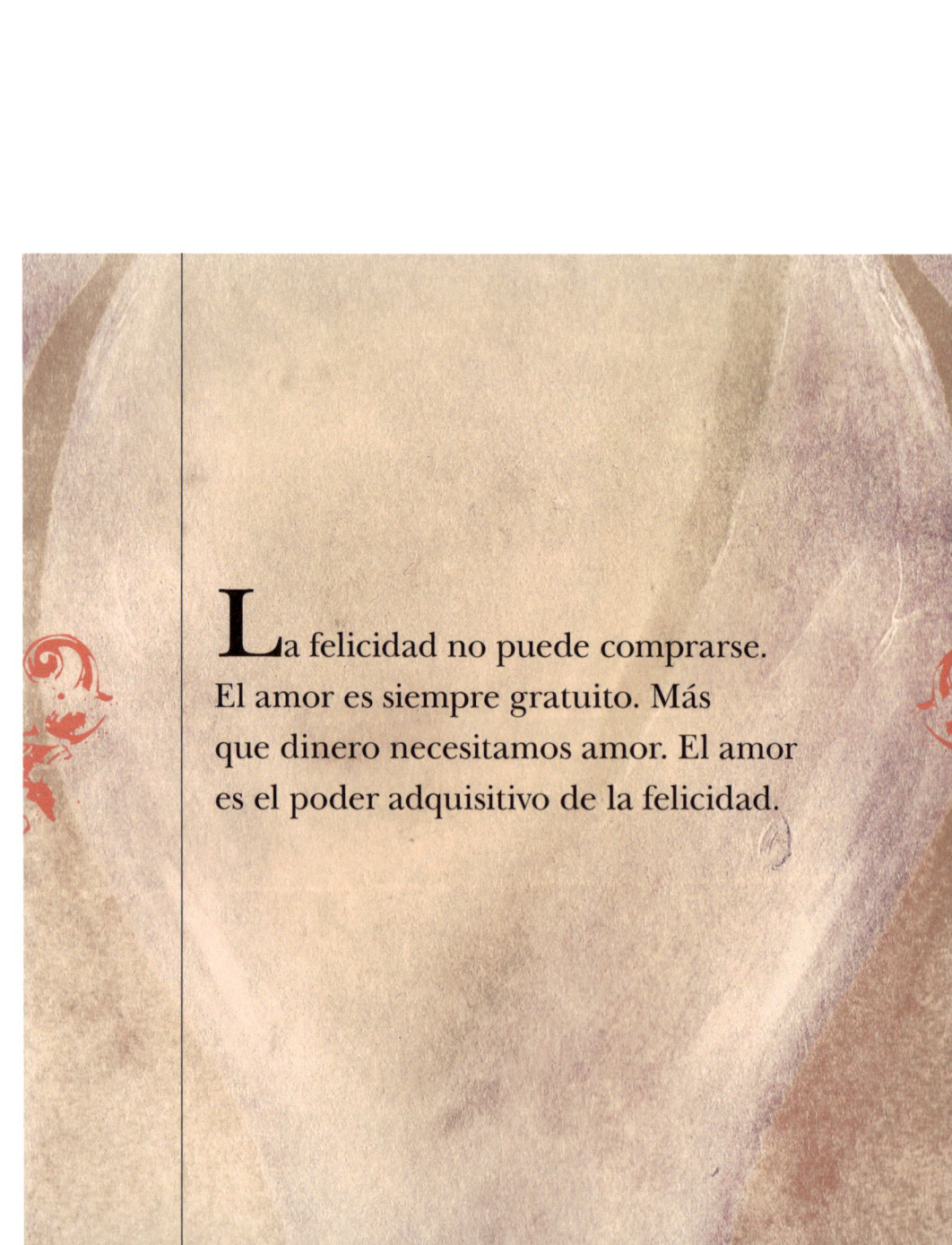

La felicidad no puede comprarse. El amor es siempre gratuito. Más que dinero necesitamos amor. El amor es el poder adquisitivo de la felicidad.

El que quiera hacer felices a las personas debe tener alegría dentro de sí. El que quiera ayudar a las personas debe estar colmado de amor.

Deja que seamos capas
de agua en un gran desierto.
Sólo el agua puede transformar
un desierto. El agua es vida.
El amor es agua viva.

Personas sencillas, personas maravillosas. Son oasis en nuestro desierto. Son estrellas en nuestra noche. De ellas emana una corriente de amor.

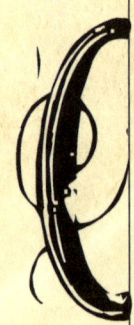 

PERSONAS *felices*

están agradecidas por cada regalo; traen sol a la casa; llevan un paraíso en su corazón en el cual les dan la bienvenida a todos.

PERSONAS *felices*

no necesitan mucho para la felicidad;
no se enamoran de sus problemas;
ellas mismas hacen algo y no esperan
siempre todo de los demás.

PERSONAS *felices*

viven satisfechas e irradian paz;
ven lo bueno en los demás;
traen luz donde está oscuro;
nunca son personas peligrosas.

Comparte tu pan y tendrá mejor sabor. Comparte tu felicidad y será mayor. Sé como una luz que camina a través de la noche y en su camino vuelve a encender estrellas apagadas.

EL AMOR DICE:
Debo preocuparme por
las personas. Cada persona
vale el esfuerzo.

www.ingramcontent.com/pod-product-compliance
Lightning Source LLC
LaVergne TN
LVHW070048070526
838201LV00036B/359